ZOLAI

Deihsakna lianpi tawh!

HUAI CIANG

I make my bed after I wake up.

Zing thawh khit ciang ka lupna bawl ingh.

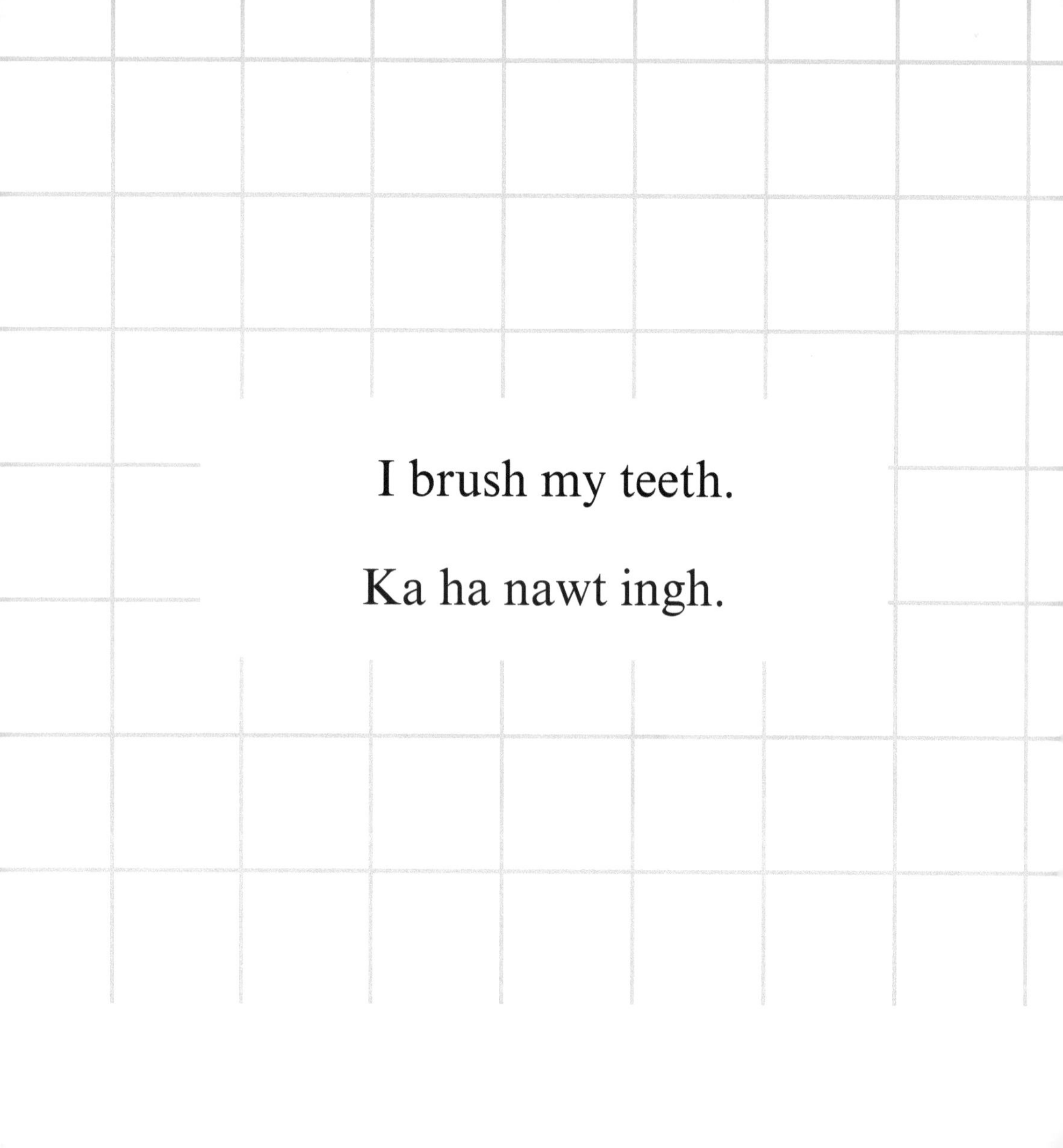

I brush my teeth.

Ka ha nawt ingh.

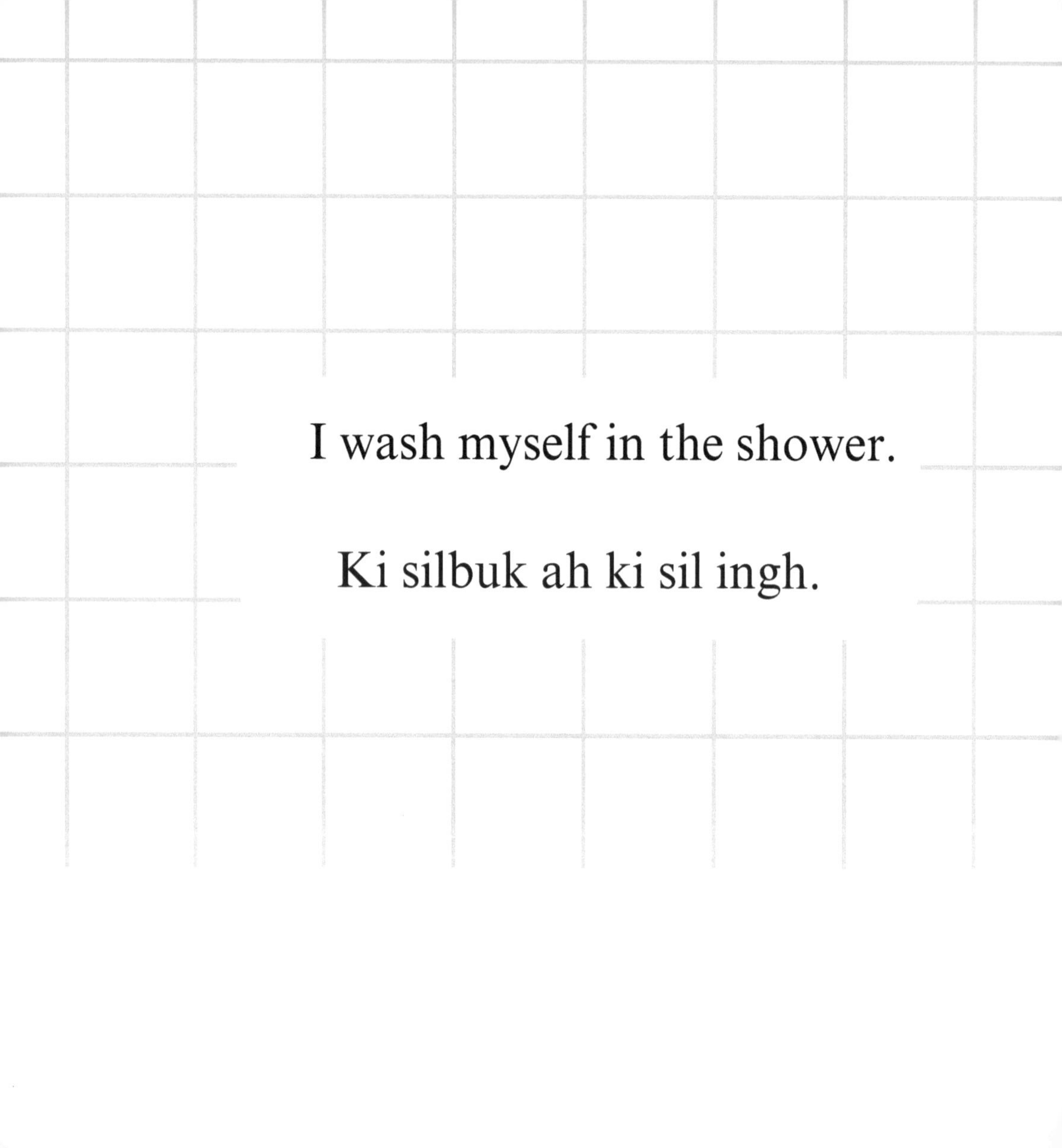

I wash myself in the shower.

Ki silbuk ah ki sil ingh.

I put on clean clothes.

Puansiang silh ingh.

I make my hair clean.

Ka sam siangsak ingh.

I wash my hand.

Ka khut sawp ingh.

I eat a delicious breakfast!

Zing ann lim mah mah ne ingh!

I read my book.

Ka laibu sim ingh.

I love playing!

Ki mawl nuamsa ingh!

I take a walk to the beautiful park.

Khawlmun hoihna ah lamseu ingh.

I say "Hello" to my friends.

Ka lawmte kiang "Halo" ci ingh.

I play with my friends.

Ka lawmte tawh ki mawl ingh.

I say "bye bye" to my friends.

Ka lawmte kiang "ta ta" ci ingh.

I help my mom with prepping food.

Ka nu ann bawl huh ingh.

I thank God for the meal.

Nek ding ann hang in, Topa tung lungdam
ko ingh.

I eat delicious lunch.

Sun ann lim mah mah ne ingh.